Impressum
Verlag: BABADADA GmbH, Nedderfeld 112 , 22529 Hamburg
Geschäftsführer / Verlagsleitung: Harald Hof
Druck: Books on Demand GmbH, In de Tarpen 42, 22848 Norderstedt

Imprint
Publisher: BABADADA GmbH, Nedderfeld 112 , 22529 Hamburg, Germany
Managing Director / Publishing direction: Harald Hof
Print: Books on Demand GmbH, In de Tarpen 42, 22848 Norderstedt, Germany

skola

בית ספר

klassrum
כיתה
dividera
חילק
186/2
tavla
לוח
skolgård
lärare
מורה
papper
נייר
skriva
כתב
penna
עט
skrivbord
שולחן עבודה
linjal
סרגל
bok
ספר
elev
תלמיד

skolväska

ילקוט

pennfodral

קלמר

blyertspenna

עיפרון

pennvässare

מחדד

suddgummi

גומי מחיקה

ritblock

חוברת סרטוט

2

teckning

סרטוט

pensel

מברשת

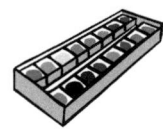

målarlåda

קופסת צבעים

sax

מספריים

lim

דבק

övningsbok

ספר תרגול

hemläxa

שיעור בית

12

tal

מספר

2+2

addera

חיבר

5-2

subtrahera

חיסר

2×2

multiplicera

הכפיל

räkna

חישב

A

bokstav

אות

ABCDEFG HIJKLMN OPQRSTU VWXYZ

alfabet

אלפבית

ord

מילה

text

טקסט

läsa

קרא

krita

גיר

lektion

שיעור

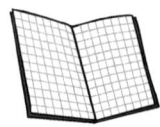

register

יומן נוכחות

prov

מבחן

intyg

תעודה

skoluniform

תלבושת בית ספר

utbildning

חינוך

uppslagsverk

אנציקלופדיה

universitet

אוניברסיטה

mikroskop

מיקרוסקופ

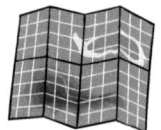

karta

מפה

papperskorg

סל נייר

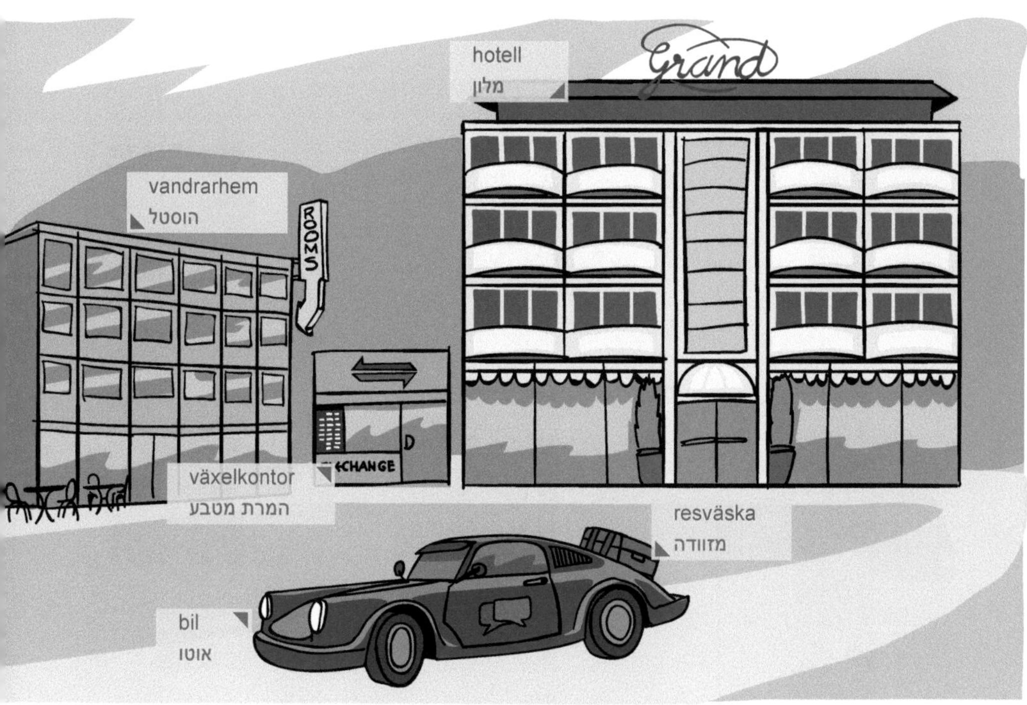

hotell
מלון
Grand
vandrarhem
הוסטל
ROOMS
växelkontor
המרת מטבע
resväska
מזוודה
bil
אוטו

språk

שפה

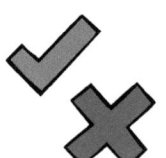

ja / nej

כן / לא

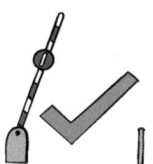

Okay

בסדר

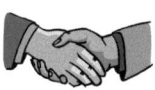

hej

שלום

översättare

מתרגם

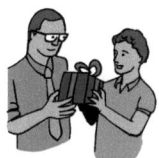

Tack

תודה

hur mycket kostar...?

כמה עולה.....?

jag förstår inte

אני לא מבין

problem

בעיה

God kväll!

ערב טוב!

God morgon!

בוקר טוב!

God natt!

לילה טוב!

hejdå

להתראות

riktning

כיוון

bagage

כבודה

väska

תיק

ryggsäck

תרמיל גב

gäst

אורח

rum

חדר

sovsäck

שק שינה

tält

אוהל

turistinformation

מרכז מידע לתיירים

strand

חוף ים

kreditkort

כרטיס אשראי

frukost

ארוחת בוקר

lunch

ארוחת צהריים

middag

ארוחת ערב

biljett

כרטיס

hiss

מעלית

frimärke

בול

gräns

גבול

tull

מכס

ambassad

שגרירות

visum

אשרה

pass

דרכון

transport
תחבורה

flygplan
מטוס
fartyg
אונייה
brandbil
כבאית
buss
אוטובוס
lastbil
משאית
motorbåt
סירת מנוע
cykel
אופניים
bil
אוטו

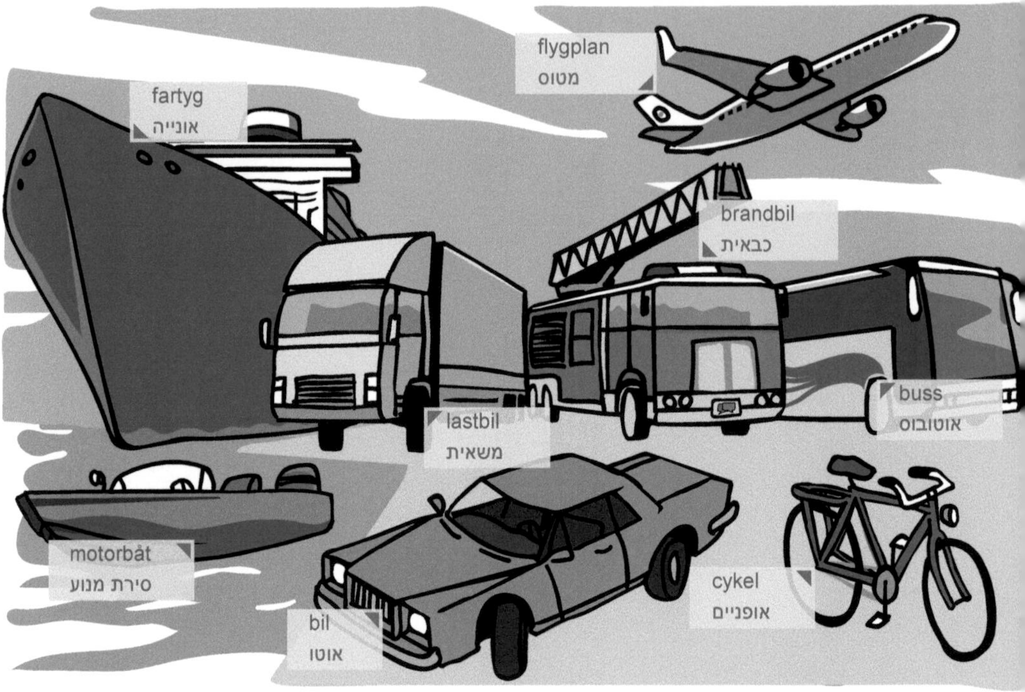

färja

מעבורת

båt

סירה

motorcykel

אופנוע

polisbil

ניידת משטרה

racerbil

מכונית מרוץ

hyrbil

רכב שכור

bilpool

מכוניות בשיתוף

bärgningsbil

אוטו גרר

sopbil

משאית זבל

motor

מנוע

bränsle

דלק

bensinstation

תחנת דלק

vägmärke

תמרור

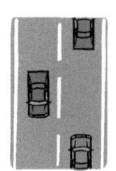

trafik

תנועה

bilkö

פקק תנועה

parkeringsplats

חניה

tågstation

תחנת רכבת

räls

פסי רכבת

tåg

רכבת

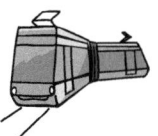

spårvagn

רכבת קלה

vagn

קרון

helikopter

מסוק

flygplats

שדה-תעופה

torn

מגדל

passagerare

נוסע

container

קונטיינר

kartong

קרטון

vagn

עגלה

korg

סל

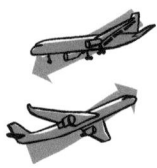

starta / landa

המראה / נחיתה

stad

עיר

by

כפר

centrum

מרכז העיר

hus

בית

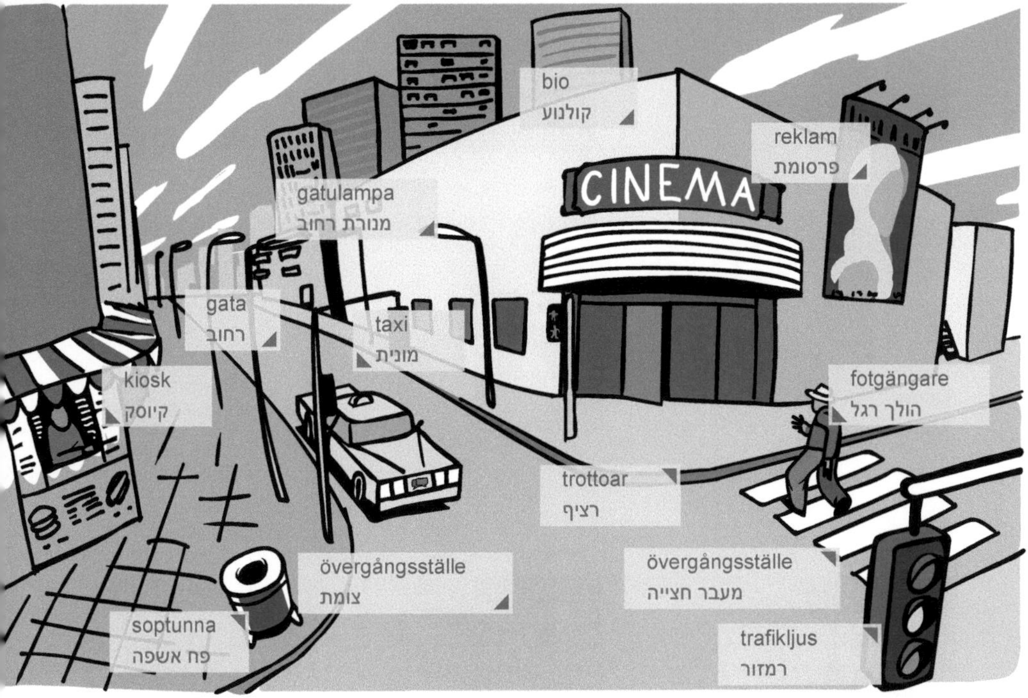

bio
קולנוע

reklam
פרסומת

gatulampa
מנורת רחוב

CINEMA

gata
רחוב

taxi
מונית

fotgängare
הולך רגל

kiosk
קיוסק

trottoar
רציף

övergångsställe
צומת

övergångsställe
מעבר חצייה

soptunna
פח אשפה

trafikljus
רמזור

stuga
בקתה

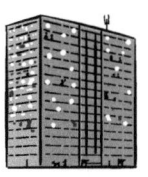

lägenhet
דירה

tågstation
תחנת רכבת

stadshus
עירייה

museum
מוזיאון

skola
בית ספר

universitet

אוניברסיטה

bank

בנק

sjukhus

בית חולים

hotell

מלון

apotek

בית מרקחת

kontor

משרד

bokhandel

חנות ספרים

affär

חנות

blomsterbutik

חנות פרחים

stormarknad

סופרמרקט

marknad

שוק

varuhus

כל-בו

fiskhandlare

מוכר דגים

köpcentrum

קניון

hamn

נמל

park

פארק

bänk

ספסל

brygga

גשר

trappa

מדרגות

tunnelbana

רכבת תחתית

tunnel

מנהרה

busshållplats

תחנת אוטובוס

bar

בר

restaurang

מסעדה

brevlåda

תא דואר

gatuskylt

שלט רחוב

parkeringsautomat

מדחן

zoo

גן חיות

simbassäng

בריכת שחיה

moské

מסגד

bondgård

חווה

förorening

זיהום

kyrkogård

בית עלמין

kyrka

כנסייה

lekplats

מגרש משחקים

tempel

בית מקדש

landskap

נוף

löv
עלה

vägskylt
תמרור

väg
דרך

äng
מרעה

sten
אבן

liftare
מטייל

träd
עץ

flod
נהר

gräs
דשא

blomma
פרח

dal

בקעה

kulle

הר

sjö

אגם

skog

יער

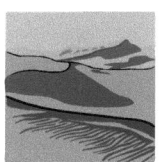

öken

מדבר

vulkan

הר געש

slott

טירה

regnbåge

קשת בענן

svamp

פטריה

palm

דקל

mygga

יתוש

fluga

זבוב

myra

נמלה

bi

דבורה

spindel

עכביש

skalbagge

חיפושית

groda

צפרדע

ekorre

סנאי

igelkott

קיפוד

hare

ארנב

uggla

ינשוף

fågel

ציפור

svan

ברבור

vildsvin

חזיר בר

rådjur

צבי

älg

אייל הקורא

damm

סכר

vindkraftverk

טורבינת רוח

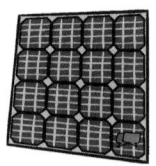

solcellspanel

פנל סולארי

klimat

אקלים

restaurang

מסעדה

servitör
מלצר
meny
תפריט
stol
כסא
soppa
מרק
pizza
פיצה
bestick
סכו"ם
bordsduk
מפת שולחן

förrätt

מנת פתיחה

huvudrätt

מנה עיקרית

dessert

קינוח

drycker

שתיות

mat

אוכל

flaska

בקבוק

snabbmat

מזון מהיר

street food

אוכל רחוב

tekanna

קנקן תה

sockerskål

מסכרת

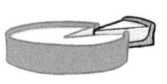

portion

מנה

espressomaskin

מכונת אספרסו

barnstol

כסא תינוק

räkning

חשבון

bricka

מגש

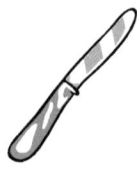

kniv

סכין

gaffel

מזלג

sked

כף

tesked

כפית

servett

מפית

glas

כוס

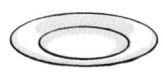

tallrik

צלחת

sopptallrik

קערת מרק

tefat

תחתית

sås

רוטב

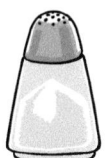

saltkar

מלחייה

pepparkvarn

מטחנת פלפל

vinäger

חומץ

olja

שמן

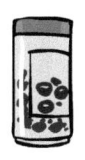

kryddor

תבלינים

ketchup

קטשופ

senap

חרדל

majonnäs

מיונז

stormarknad
סופרמרקט

specialerbjudande
מבצע
kund
לקוח
mejeriprodukter
מוצרי חלב
varukorg
עגלת קניות
frukt
פירות

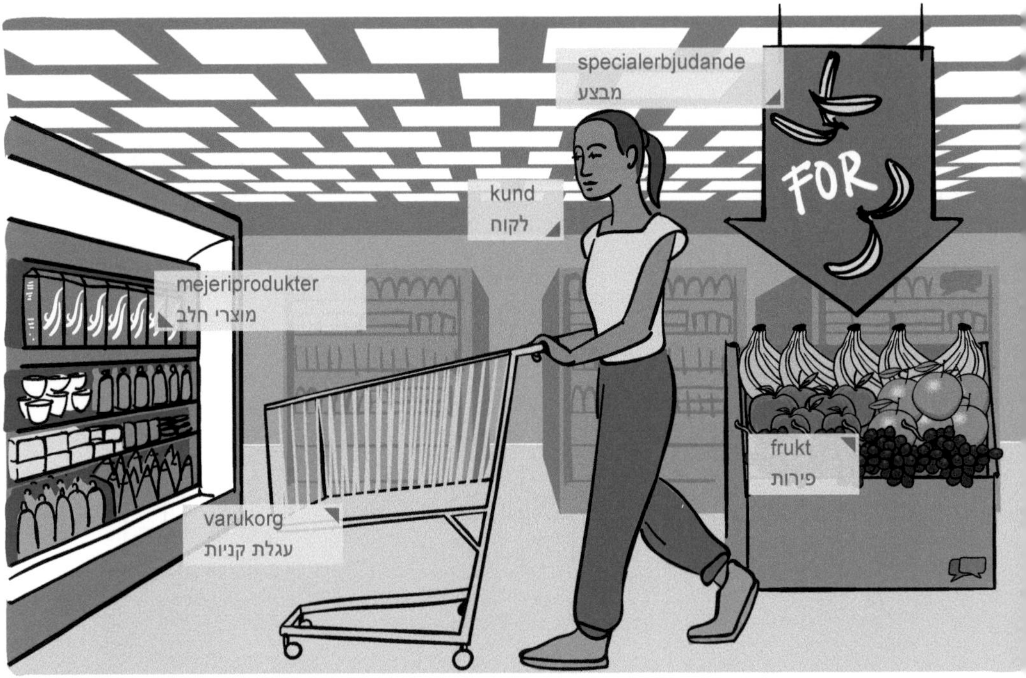

charkuteri
אטליז

bageri
מאפייה

väga
שקל

grönsaker
ירקות

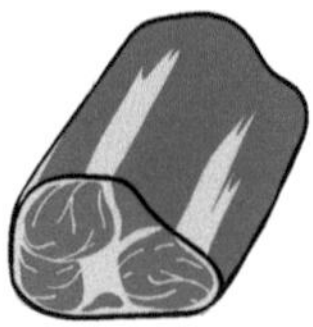

kött
בשר

frysta livsmedel
מזון קפוא

pålägg

בשר קר

konserver

שימורים

tvättmedel

אבקת כביסה

godis

ממתקים

hushållsprodukter

מוצרי בית

rengöringsmedel

חומר ניקוי

försäljare

מוכרת

kassa

קופה

kassör

קופאי

inköpslista

רשימת קניות

öppettider

שעות פתיחה

plånbok

ארנק

kreditkort

כרטיס אשראי

väska

תיק

plastpåse

שקית נילון

drycker

שתיות

vatten

מים

juice

מיץ

mjölk

חלב

cola

קולה

vin

יין

öl

בירה

alkohol

אלכוהול

kakao

קקאו

te

תה

kaffe

קפה

espresso

אספרסו

cappuccino

קפוצ'ינו

mat
אוכל

banan

בננה

äpple

תפוח

apelsin

תפוז

melon

אבטיח

citron

לימון

morot

גזר

vitlök

שום

bambu

במבוק

lök

בצל

svamp

פטריות

nötter

אגוזים

nudlar

אטריות

spaghetti
....
ספגטי

ris
....
אורז

sallad
....
סלט

pommes frites
....
צ'יפס

stekt potatis
....
צ'יפס

pizza
....
פיצה

hamburgare
....
המבורגר

smörgås
....
כריך

schnitzel
....
שניצל

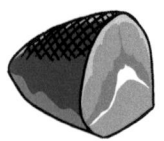

skinka
....
שינקין

salami
....
סלאמי

korv
....
נקניקיה

kyckling
....
עוף

stek
....
טיגון

fisk
....
דג

havregryn

שיבולת שועל

müsli

מוזלי

cornflakes

קורנפלקס

mjöl

קמח

croissant

קרואסון

fralla

לחמנייה

bröd

לחם

rostat bröd

טוסט

kex

עוגיות

smör

חמאה

kvarg

גבינה לבנה

kaka

עוגה

ägg

ביצה

stekt ägg

ביצת עין

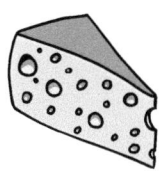

ost

גבינה

glass

גלידה

socker

סוכר

honung

דבש

sylt

ריבה

nougatkräm

ממרח נוגט

curry

קארי

bondgård

חווה

ladugård
אסם
halmbal
חבילת שחת
fält
שדה
häst
סוס
trailer
עגלת נגרר
traktor
טרקטור
föl
סייח
åsna
חמור
får
כבש
lamm
טלה

get

עז

ko

פרה

kalv

עגל

gris

חזיר

griskulting

חזרזיר

tjur

שור

gås

אווז

anka

ברווז

kyckling

אפרוח

höna

תרנגולת

tupp

תרנגול

råtta

חולדה

katt

חתול

mus

עכבר

oxe

שור

hund

כלב

hundkoja

מלונה

trädgårdsslang

צינור השקיה

vattenkanna

קנקן מים

lie

חרמש

plog

מחרשה

skära

מגל

hacka

מגרפה

högaffel

קלשון

yxa

גרזן

skottkärra

מריצה

tråg

שוקת

mjölkflaska

כד חלב

säck

שק

staket

גדר

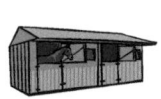

stall

אורווה

växthus

חממה

jord

אדמה

säd

זרע

gödsel

דשן

skördetröska

מקצרה

skörda

קצר

skörd

קציר

jams

בטטה אפריקנית

vete

חיטה

soja

סויה

potatis

תפוח אדמה

majs

תירס

raps

קנולה

fruktträd

עץ פירות

maniok

קסבה

spannmål

דגנים

hus

בית

skorsten
ארובה
tak
גג
stuprör
מרזב
fönster
חלון
garage
מוסך
dörrklocka
פעמון
dörr
דלת
soptunna
פח אשפה
brevlåda
תיבת מכתבים
trädgård
גינה

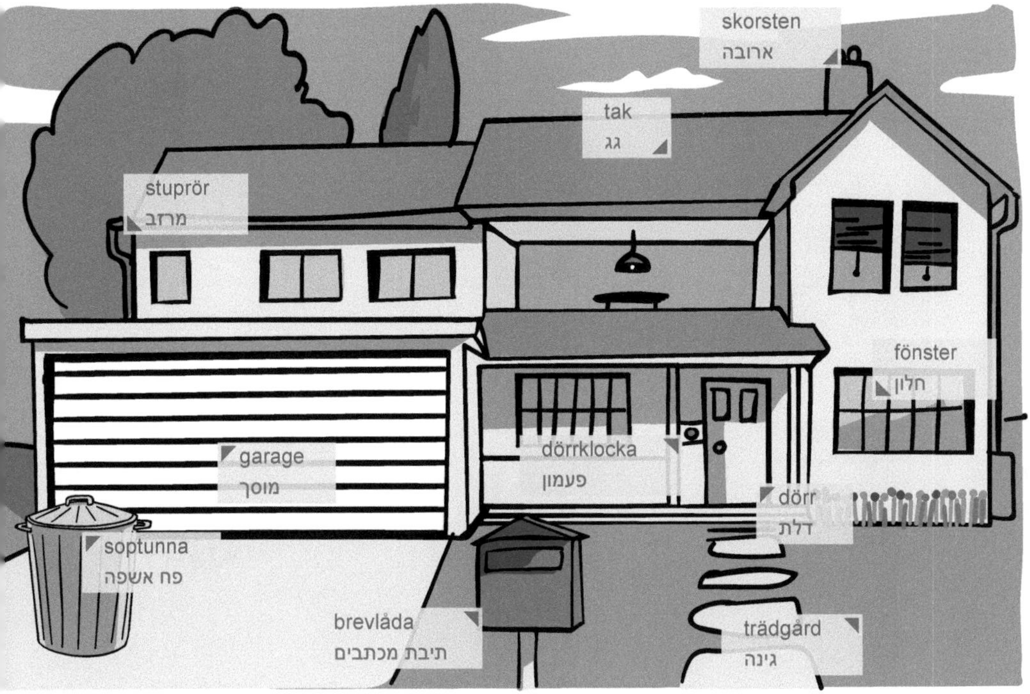

vardagsrum

סלון

badrum

חדר אמבטיה

kök

מטבח

sovrum

חדר שינה

barnrum

חדר ילדים

matsal

חדר אוכל

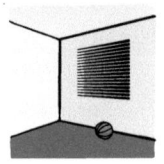

golv

רצפה

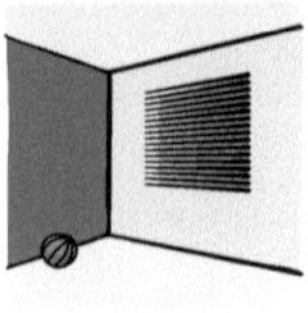

vägg

קיר

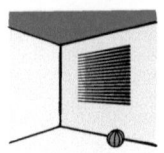

tak

תקרה

källare

מרתף

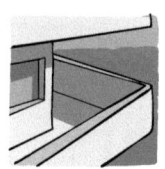

bastu

סאונה

balkong

מרפסת

terrass

מרפסת

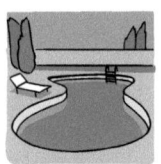

bassäng

בריכה

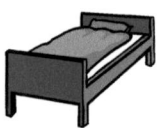

gräsklippare

מכסחת דשא

lakan

סדין

överkast

כיסוי מיטה

säng

מיטה

kvast

מטאטא

hink

דלי

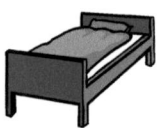

strömbrytare

מפסק

vardagsrum
סלון

tapet
טפט
bild
תמונה
lampa
מנורה
hylla
מדף
skåp
ארון
TV
טלוויזיה
eldstad
אח
blomma
פרח
kudde
כרית
soffa
ספה
vas
אגרטל
fjärrkontroll
שלט רחוק

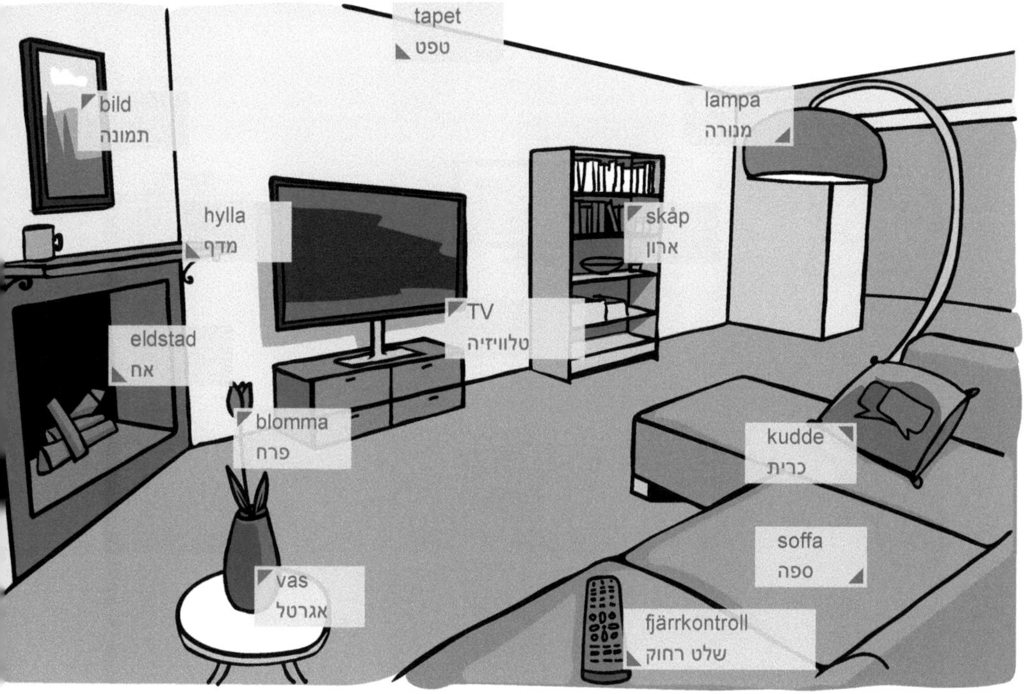

matta
שטיח

gardin
וילון

bord
שולחן

stol
כסא

gungstol
כיסא נדנדה

fåtölj
כורסה

bok

ספר

filt

שמיכה

dekoration

דקורציה

vedträ

עצי הסקה

film

סרט

stereoanläggning

מערכת סטריאו

nyckel

מפתח

dagstidning

עיתון

målning

ציור

poster

פוסטר

radio

רדיו

anteckningsbok

מחברת

dammsugare

שואב אבק

kaktus

קקטוס

stearinljus

נר

kök

מטבח

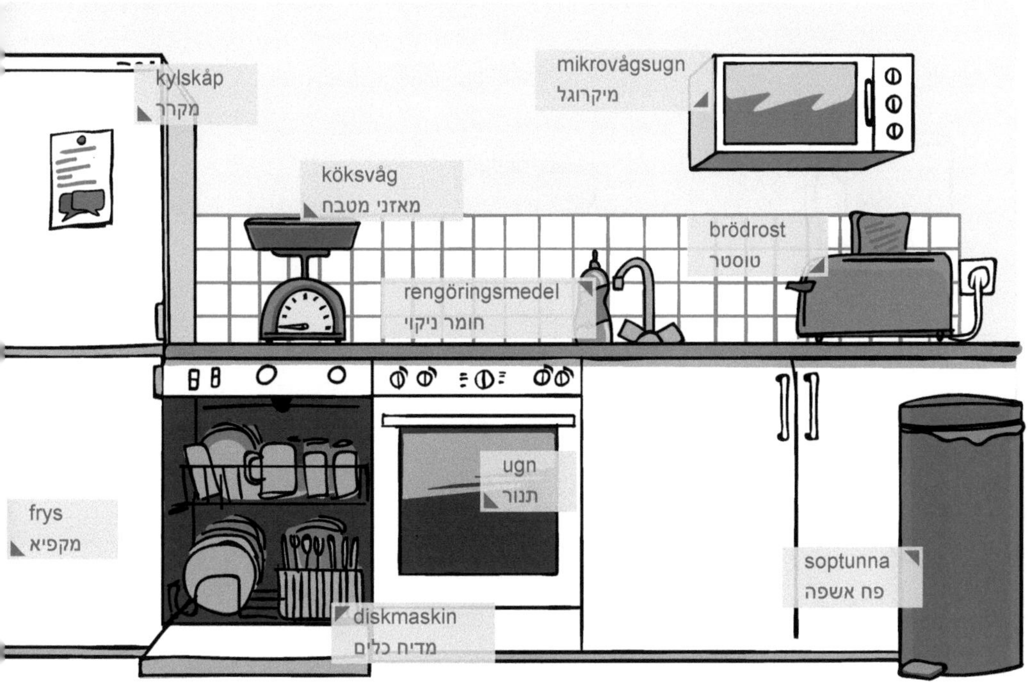

kylskåp
מקרר
mikrovågsugn
מיקרוגל
köksvåg
מאזני מטבח
brödrost
טוסטר
rengöringsmedel
חומר ניקוי
ugn
תנור
frys
מקפיא
soptunna
פח אשפה
diskmaskin
מדיח כלים

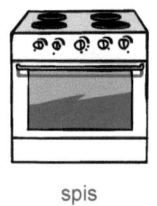

spis

תנור

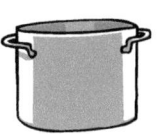

kastrull

סיר

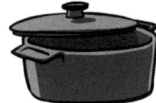

järngryta

סיר ברזל

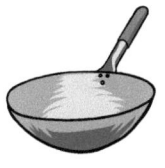

wok / kadai

ווק

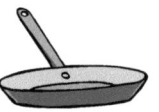

stekpanna

מחבת

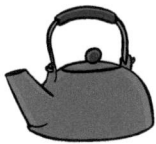

vattenkokare

קומקום חשמלי

ångkokare

מאדה

bakplåt

מגש אפייה

porslin

כלי אוכל

mugg

ספל

skål

קערה

ätpinnar

צ'ופסטיקס

soppslev

מצקת

stekspade

מרית

visp

מטרפה

durkslag

מסננת בישול

sil

מסננת

rivjärn

מגרדת

mortel

מכתש

grill

גריל

brasa

מדורה

skärbräda

קרש חיתוך

kavel

מערוך

korkskruv

פותחן פקקים

burk

פחית

burköppnare

פותחן קופסאות

grytlapp

מטלית

vask

כיור

borste

מברשת

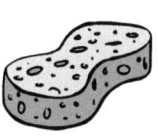

svamp

ספוג

mixer

בלנדר

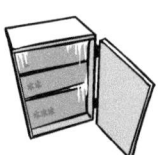

frys

מקפיא

nappflaska

בקבוק לתינוק

kran

ברז

badrum
חדר אמבטיה

värme
חימום
handduk
מגבת
dusch
מקלחת
duschdraperi
וילון מקלחת
bubbelbad
אמבטיית קצף
badkar
אמבטיה
glas
כוס
tvättmaskin
מכונת כביסה
kran
ברז
kakel
אריחים
potta
סיר לילה
vask
כיור

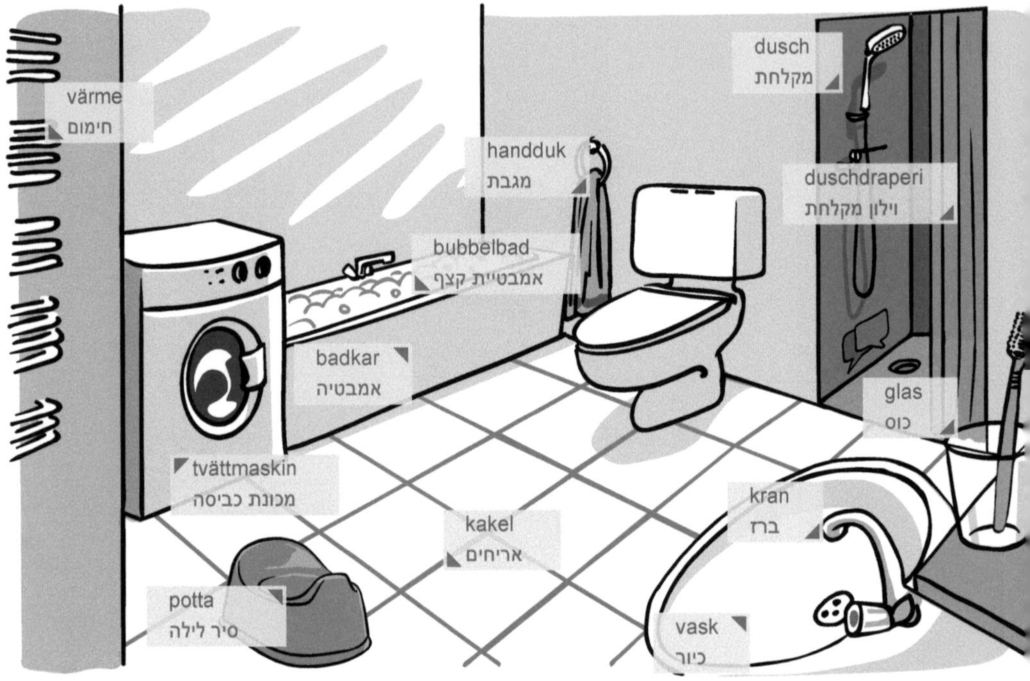

toalett

אסלה

låg toalett

אסלת כריעה

bidet

בידה

pissoar

משתנה

toalettpapper

נייר טואלט

toalettborste

מברשת אסלה

tandborste

מברשת שיניים

tandkräm

משחת שיניים

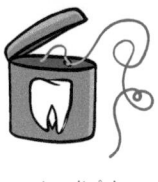

tandtråd

חוט דנטלי

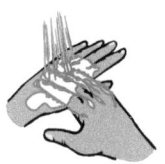

tvätta

שטף

handdusch

מקלחת יד

intimdusch

צינור שטיפה לשירותים

handfat

קערת רחצה

ryggborste

מברשת גב

tvål

סבון

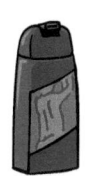

duschgel

ג'ל רחצה

schampo

שמפו

trasa

ליפה

avlopp

ניקוז

crème

קרם

deodorant

דיאודורנט

spegel

מראה

handspegel

מראת יד

rakhyvel

סכין גילוח

raklödder

קצף גילוח

rakvatten

אפטרשייב

kam

מסרק

borste

מברשת

hårtork

מייבש שיעור

hårspray

ספריי לשיער

smink

איפור

läppstift

שפתון

nagellack

לק

bomullsvadd

צמר גפן

nagelsax

מספריים לציפורניים

parfym

בושם

necessär

תיק כלי רחצה

pall

שרפרף

våg

משקל

badrock

חלוק רחצה

gummihandskar

כפפות גומי

tampong

טמפון

binda

תחבושת סניטרית

kemisk toalett

שירותים כימיקליים

barnrum

חדר ילדים

väckarklocka
שעון מעורר
gosedjur
צעצוע חיבוק
leksaksbil
מכונית צעצוע
skallra
רעשן
dockhus
בית בובות
present
מתנה

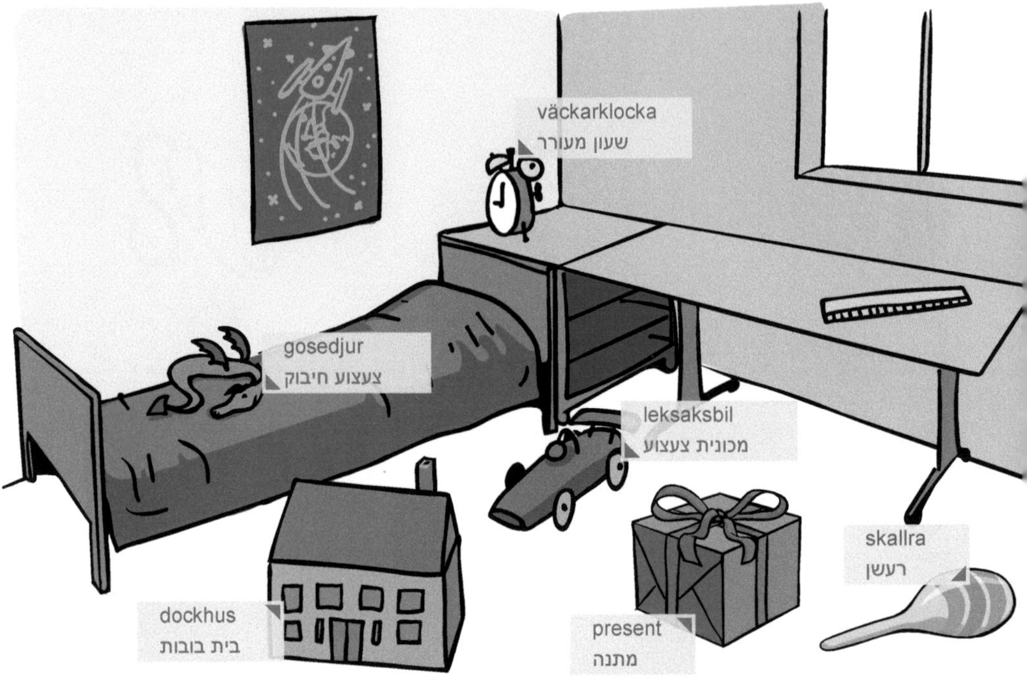

ballong

בלון

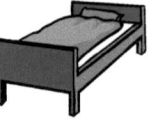

säng

מיטה

barnvagn

עגלה

kortlek

משחק קלפים

pussel

פאזל

serietidning

קומיקס

legobitar

לגו

klossar

קוביות משחק

actionfigur

דמות משחק

sparkdräkt

סרבל תינוקות

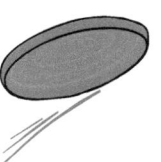

frisbee

פריזבי

mobil

נייד

brädspel

משחק לוח

tärning

קוביה

modelljärnväg

רכבת צעצוע

napp

מוצץ

party

מסיבה

bilderbok

אלבום תמונות

boll

כדור

docka

בובה

spela

שיחק

sandlåda

ארגז חול

gunga

נדנדה

leksaker

צעצועים

spelkonsol

קונסולת משחקים

trehjuling

אופניים תלת גלגלי

nalle

דובון

garderob

ארון בגדים

kläder

בגדים

sockar

גרביים

strumpor

גרביונים

tights

גרביון

halsduk
צעיף

paraply
מטריה

t-shirt
חולצת טי

bälte
חגורה

stövlar
מגפיים

tofflor
נעלי בית

sneakers
נעלי ספורט

sandaler
סנדלים

skor
נעליים

gummistövlar
מגפי גומי

underbyxor
תחתונים

BH
חזייה

linne
וסט

kläder - בגדים   45

body

גוף

byxor

מכנסיים

jeans

ג'ינס

kjol

חצאית

blus

חולצה מכופתרת

skjorta

חולצה

pullover

אפודה

sweater

סווצ'ר עם קפוצ'ון

blazer

בלייזר

jacka

ז'קט

kappa

מעיל

regnjacka

מעיל גשם

dräkt

תלבושת

klänning

שמלה

bröllopsklänning

שמלת כלה

kostym

חליפה

nattlinne

כותונת לילה

pyjamas

פיג'מה

sari

סארי

slöja

מטפחת ראש

turban

טורבן

burka

בורקה

kaftan

קאפטן

abaya

עבאיה

baddräkt

בגד ים

badbyxor

בגד ים

shorts

מכנסיים קצרים

träningsoverall

בגד אימון

förkläde

סינר

handskar

כפפות

knapp

כפתור

glasögon

משקפיים

armband

צמיד יד

halsband

שרשרת

ring

טבעת

örhänge

עגיל

mössa

כובע

galge

קולב

hatt

כובע

slips

עניבה

dragkedja

רוכסן

hjälm

קסדה

hängslen

כתפיות

skoluniform

תלבושת בית ספר

uniform

מדים

haklapp

מפית אוכל

napp

מוצץ

blöja

חיתול

kontor

משרד

server
שרת

dokumentskåp
תיקייה

skrivare
מדפסת

papper
נייר

bildskärm
מסך

mus
עכבר

skrivbord
שולחן עבודה

mapp
תיק

tangentbord
מקלדת

papperskorg
סל נייר

dator
מחשב

stol
כסא

kaffemugg

ספל קפה

miniräknare

מחשבון

internet

אינטרנט

bärbar dator

מחשב נייד

brev

מכתב

meddelande

הודעה

mobiltelefon

נייד

nätverk

רשת

kopieringsapparat

מכונת צילום

programvara

תוכנה

telefon

טלפון

vägguttag

שקע

fax

פקס

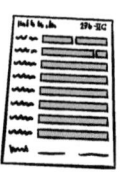

blankett

טופס

dokument

מסמך

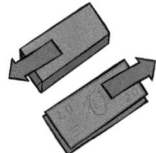

köpa

קנה

betala

שילם

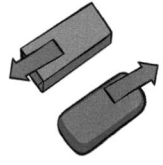

handla

סחר

pengar

כסף

dollar

דולר

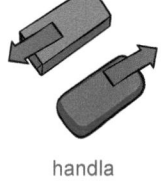

euro

יורו

yen

ין

rubel

רובל

schweizisk franc

פרנק שווייצרי

renminbi yan

יואן רנמינבי

rupie

רופי

bankomat

כספומט

växelkontor

המרת מטבע

guld

זהב

silver

כסף

olja

נפט

energi

אנרגיה

pris

מחיר

kontrakt

חוזה

skatt

מס

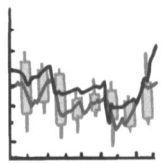

aktie

מנייה

arbeta

עבד

anställd

עובד

arbetsgivare

מעסיק

fabrik

מפעל

affär

חנות

polis
שוטר

brandman
כבאי

kock
טבח

läkare
רופא

pilot
טייס

trädgårdsmästare

גנן

snickare

נגר

sömmerska

תופרת

domare

שופט

kemist

כימאי

skådespelare

שחקן

busschaufför

נהג אוטובוס

taxichaufför

נהג מונית

fiskare

דייג

städerska

עובדת נקיון

takläggare

מתקן גגות

servitör

מלצר

jägare

צייד

målare

צייר

bagare

אופה

elektriker

חשמלאי

byggarbetare

עובד בניין

ingenjör

מהנדס

slaktare

קצב

rörmokare

אינסטלטור

brevbärare

דוור

soldat

חייל

arkitekt

אדריכל

kassör

קופאי

florist

מוכר פרחים

frisör

ספר

konduktör

כרטיסן

mekaniker

מכונאי

kapten

קברניט

tandläkare

רופא שיניים

vetenskapsman

מדען

rabbin

רב

imam

אימאם

munk

נזיר

präst

כומר

verktyg
כלי עבודה

hammare
פטיש
tång
צבת
skruvmejsel
מברג
skiftnyckel
מפתח ברגים
ficklampa
פנס

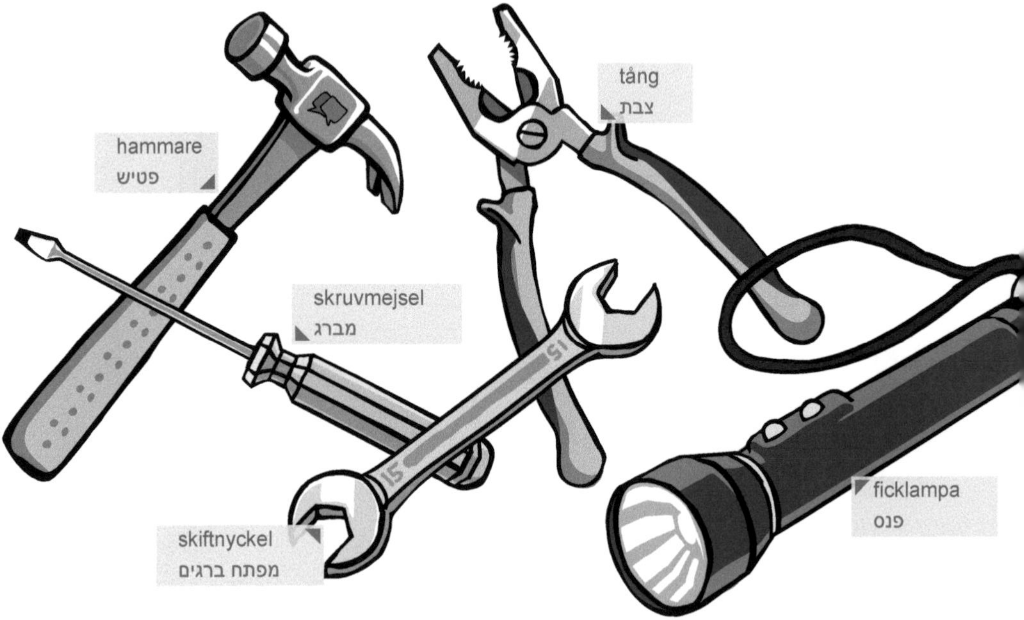

grävmaskin

דחפור

verktygslåda

ארגז כלים

stege

סולם

såg

מסור

spik

מסמרים

borr

מקדחה

reparera

תיקן

spade

את חפירה

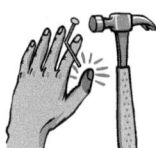

Helvete!

לעזאזל!

sopskyffel

יעה

färgburk

פח צבע

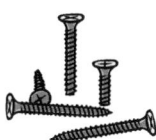

skruvar

ברגים

musikinstrument

כלי נגינה

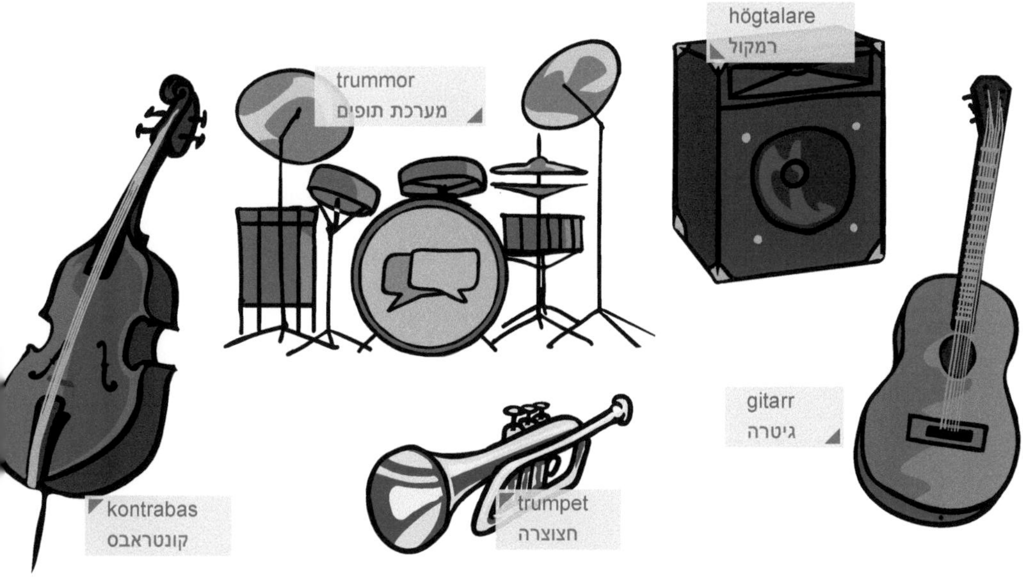

högtalare
רמקול
trummor
מערכת תופים
gitarr
גיטרה
kontrabas
קונטראבס
trumpet
חצוצרה

piano

פסנתר

violin

כינור

bas

בס

timpani

תוף הדוד

trumma

תופים

keyboard

מקלדת פסנתר

saxofon

סקסופון

flöjt

חליל

mikrofon

מיקרופון

ZOO

גן חיות

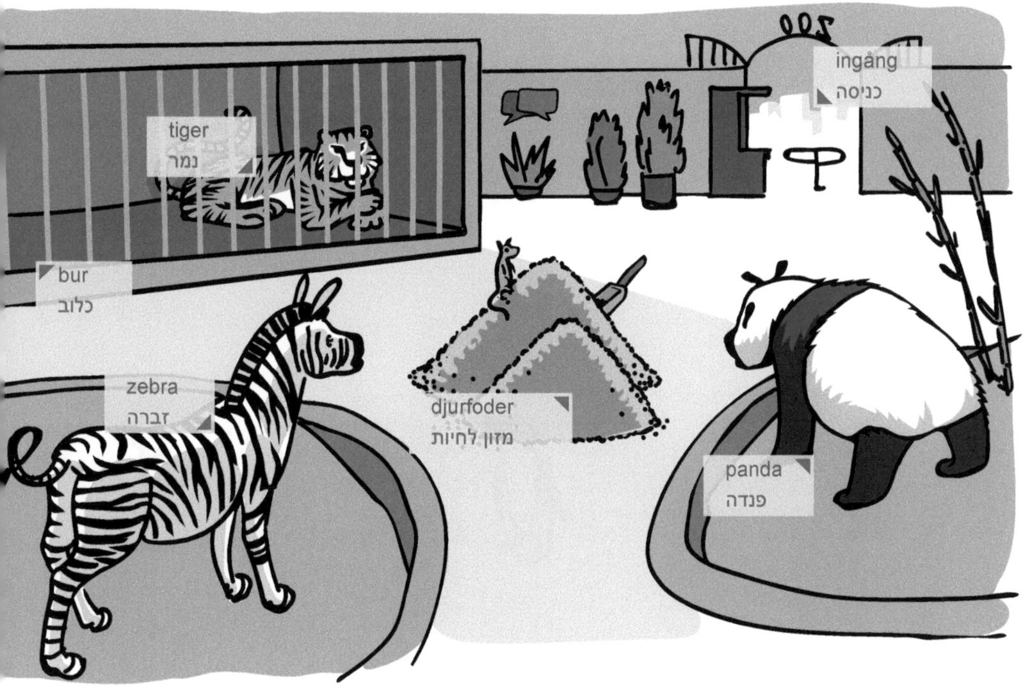

zoo
ingång
כניסה
tiger
נמר
bur
כלוב
zebra
זברה
djurfoder
מזון לחיות
panda
פנדה

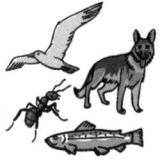

djur

בעלי חיים

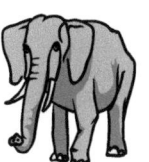

elefant

פיל

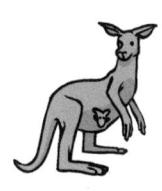

känguru

קנגרו

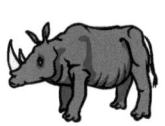

noshörning

קרנף

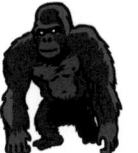

gorilla

גורילה

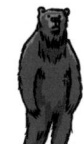

björn

דוב

kamel

גמל

struts

יען

lejon

אריה

apa

קוף

flamingo

פלמינגו

papegoja

תוכי

isbjörn

דוב הקרח

pingvin

פינגווין

haj

כריש

påfågel

טווס

orm

נחש

krokodil

תנין

djurskötare

שומר גן החיות

säl

כלב ים

jaguar

יגואר

ponny

סוס פוני

leopard

לאופרד

flodhäst

היפופוטאם

giraff

ג'ירפה

örn

נשר

vildsvin

חזיר בר

fisk

דג

sköldpadda

צב

valross

סוס ים

räv

שועל

gazell

איילה

sport

ספורט

amerikansk fotboll
פוטבול אמריקאי
cykling
רכיבת אופניים
tennis
טניס
basket
כדורסל
simning
שחיה
boxning
אגרוף
ishockey
הוקי

fotboll

כדורגל

badminton

בדמינטון

friidrott

אתלטיקה

handboll

כדור-יד

skidåkning

עשה סקי

polo

פולו

hoppa / קפץ

krama / חיבק

skratta / צחק

sjunga / שר

gå / הלך

be / התפלל

kyssa / נשק

drömma / חלם

skriva

כתב

rita

צייר

visa

הראה

skjuta

דחף

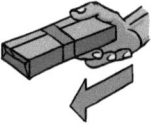

ge

נתן

ta

לקח

hagel

יש / להיות הבעלים

göra

עשה

vara

היה

stå

עמד

springa

רץ

dra

משך

kasta

זרק

falla

נפל

ligga

שכב

vänta

חיכה

bära

סחב

sitta

ישב

klä på

התלבש

sova

ישן

vakna

התעורר

se på

הסתכל ב-

gråta

בכה

smeka

ליטף

kamma

סירק

prata

דיבר

förstå

הבין

fråga

שאל

höra

שמע

dricka

שתה

äta

אכל

städa

סידר

älska

אהב

laga mat

בישל

köra

נהג

flyga

עף

segla

שט

räkna

חישב

läsa

קרא

lära sig

למד

arbeta

עבד

gifta sig

התחתן

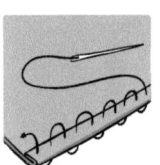

sy

תפר

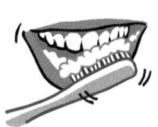

borsta tänderna

ציחצח שיניים

döda

הרג

röka

עישן

skicka

שלח

ormor/farmor
סבת
morfar/farfar
סבא
pappa
אבא
mamma
אימא
baby
תינוק
dotter
בת
son
בן

gäst
....
אורח

moster/faster
....
דודה

farbror/morbror
....
דוד

bror
....
אח

syster
....
אחות

kropp

גוף

panna
מצח
öga
עין
skuldra
כתף
finger
אצבע
ansikte
פנים
haka
סנטר
hand
כף יד
ben
רגל
bröst
חזה
arm
זרוע

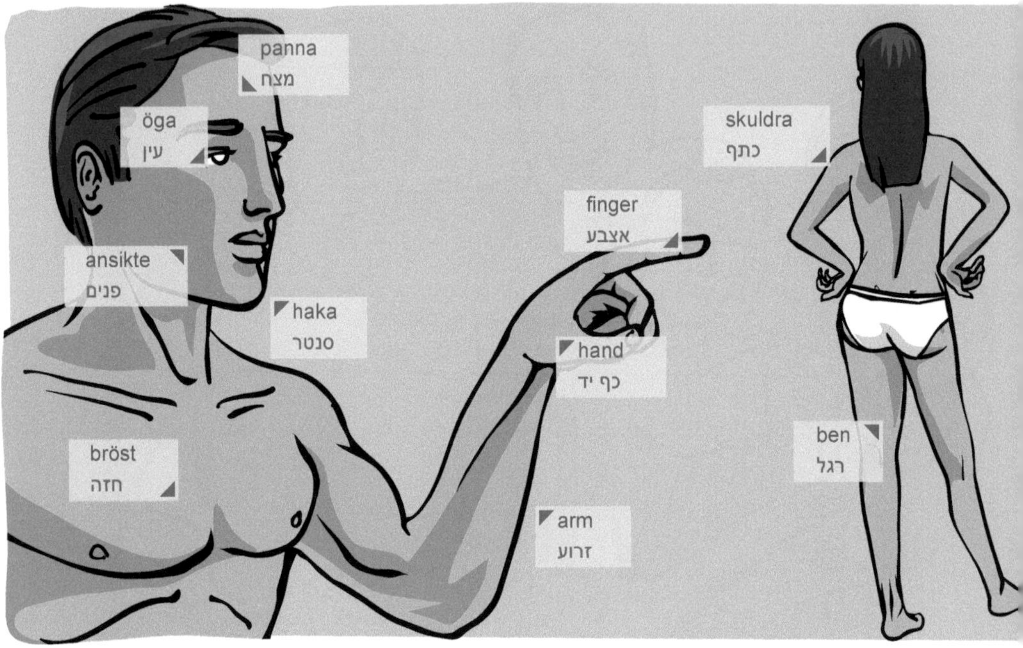

baby
תינוק

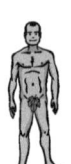

man
איש

kvinna
אישה

flicka
ילדה

pojke
ילד

huvud
ראש

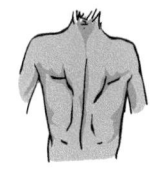

rygg

גב

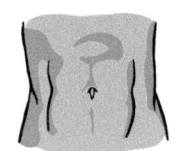

mage

בטן

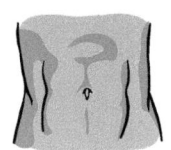

navel

טבור

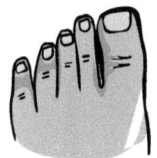

tå

אצבע

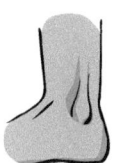

häl

עקב

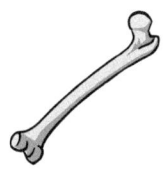

ben

עצם

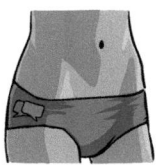

höft

ירך

knä

ברך

armbåge

מרפק

näsa

אף

stjärt

עכוז

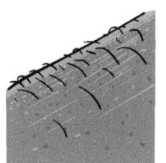

hud

עור

kind

לחי

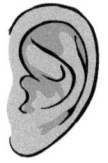

öra

אוזן

läpp

שפתיים

mun

פה

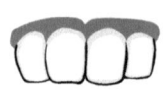

tand

שן

tunga

לשון

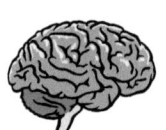

hjärna

מוח

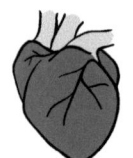

hjärta

לב

muskel

שריר

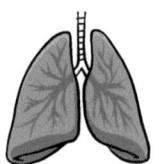

lunga

ריאה

lever

כבד

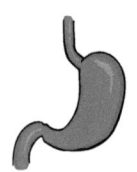

magsäck

קיבה

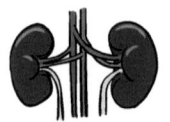

njurar

כליות

sex

מין

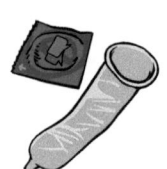

kondom

קונדום

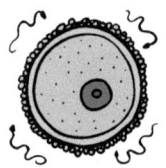

äggcell

ביצית

sperma

זרע

graviditet

הריון

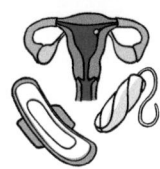

menstruation

ווסת

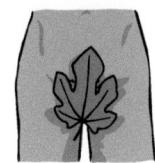

vagina

נרתיק

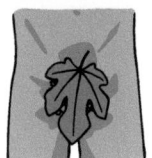

penis

פין

ögonbryn

גבה

hår

שיער

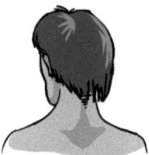

nacke

צוואר

sjukhus

בית חולים

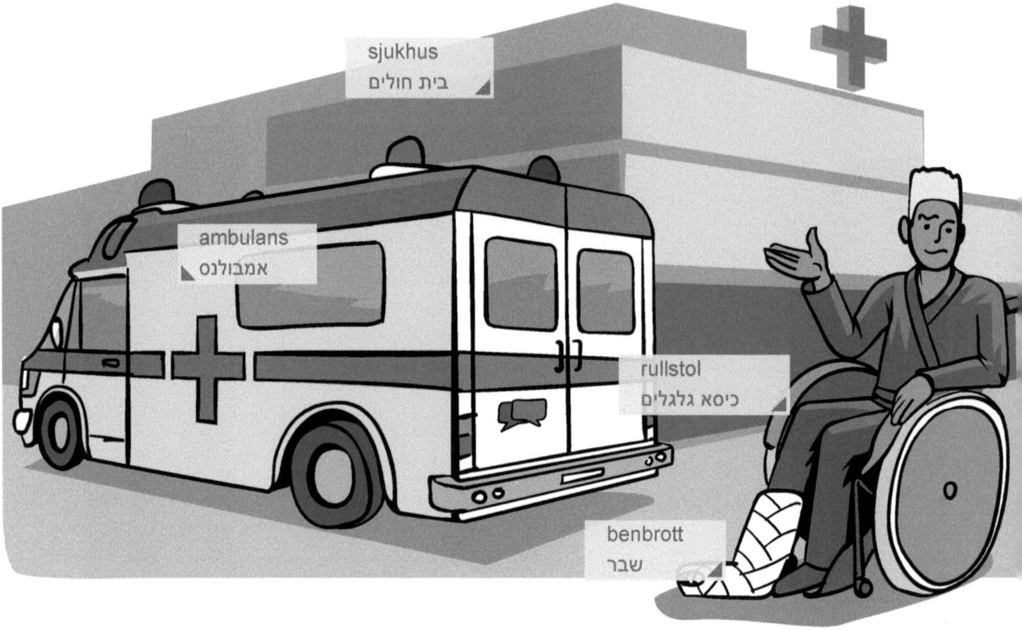

sjukhus
בית חולים
ambulans
אמבולנס
rullstol
כיסא גלגלים
benbrott
שבר

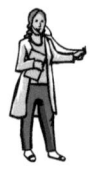

läkare

רופא

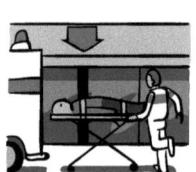

akutmottagning

חדר מיון

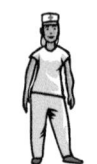

sjuksköterska

אחות

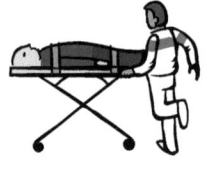

nödsituation

חירום

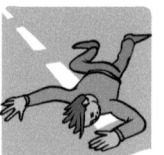

medvetslös

חסר הכרה

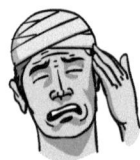

smärta

כאב

skada

פציעה

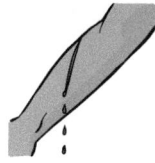

blödning

דימום

hjärtattack

התקף לב

slaganfall

שבץ

allergi

אלרגיה

hosta

שיעול

feber

חום

influensa

שפעת

diarré

שלשול

huvudvärk

כאב ראש

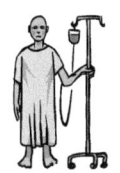

cancer

סרטן

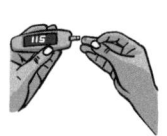

diabetes

סוכרת

kirurg

מנתח

skalpell

אזמל

operation

ניתוח

CT

סי-טי

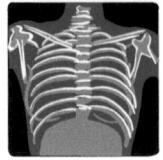

röntgen

רנטגן

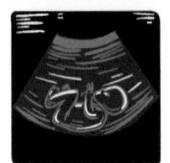

ultraljud

אולטרסאונד

ansiktsmask

מסיכת פנים

sjukdom

מחלה

väntsal

חדר המתנה

krycka

קבה

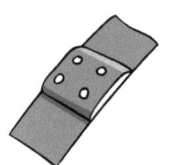

plåster

פלסטר

bandage

תחבושת

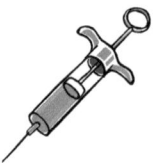

injektion

זריקה

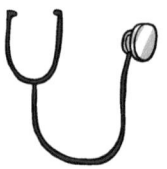

stetoskop

סטטוסקופ

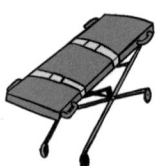

bår

אלונקה

termometer

מד חום

födsel

לידה

övervikt

עודף משקל

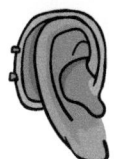

hörapparat

מכשיר שמיעה

desinfektionsmedel

מחטא

infektion

זיהום

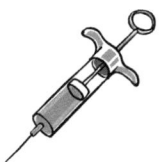

virus

נגיף

HIV / AIDS

איידס

medicin

תרופה

vaccination

חיסון

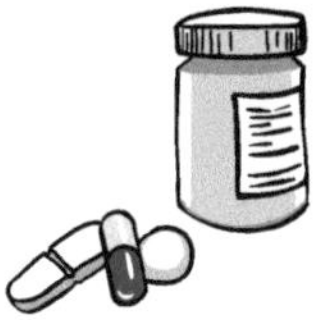

tabletter

טבליות

p-piller

גלולה

nödsamtal

קריאת חירום

blodtrycksmätare

מד לחץ דם

sjuk / frisk

חולה / בריא

nödsituation

חירום

Hjälp!

....

הצילו!

alarm

....

אזעקה

överfall

....

פשיטה

misshandel

....

תקיפה

fara

....

סכנה

nödutgång

....

יציאת חירום

Det brinner!

....

אש!

brandsläckare

....

מטף כיבוי

olycka

....

תאונה

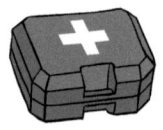

förbandslåda

....

ערכת עזרה ראשונה

SOS

....

הצילו!

polis

....

משטרה

Jorden

כדור הארץ

Europa

....

אירופה

Nordamerika

....

צפון אמריקה

Sydamerika

....

דרום אמריקה

Afrika

....

אפריקה

Asien

....

אסיה

Australien

....

אוסטרליה

Atlanten

....

האוקיינוס האטלנטי

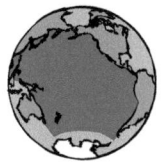

Stilla Havet

....

האוקיינוס השקט

Indiska Oceanen

....

האוקיינוס ההודי

Antarktiska Oceanen

....

האוקיינוס האנטרקטי

Arktiska Oceanen

....

האוקיינוס הארקטי

Nordpol

....

הקוטב הצפוני

Sydpol

הקוטב הדרומי

Antarktis

אנטארקטיקה

Jorden

כדור הארץ

land

אדמה

hav

ים

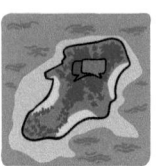

ö

אי

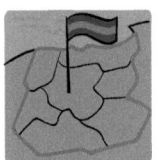

nation

לאום

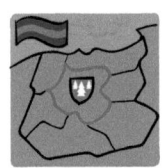

stat

מדינה

klocka

שעון

urtavla

פני השעון

timvisare

מחוג השעות

minutvisare

מחוג הדקות

sekundvisare

מחוג השניות

Vad är klockan?

מה השעה?

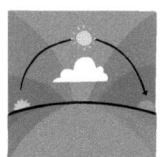

dag

יום

tid

זמן

nu

עכשיו

digital klocka

שעון דיגיטלי

minut

דקה

timme

שעה

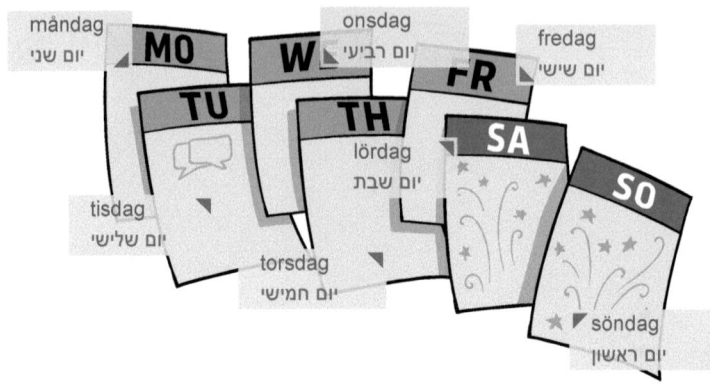

vecka

שבוע

måndag
יום שני
onsdag
יום רביעי
FR
fredag
יום שישי
SO
tisdag
יום שלישי
torsdag
יום חמישי
lördag
יום שבת
söndag
יום ראשון

igår

אתמול

idag

היום

imorgon

מחר

morgon

בוקר

middag

צהריים

kväll

ערב

vardagar

ימי עבודה

helg

סוף שבוע

regn
גשם
regnbåge
קשת בענן
vind
רוח
snö
שלג
vår
אביב
höst
סתיו
sommar
קיץ
vinter
חורף

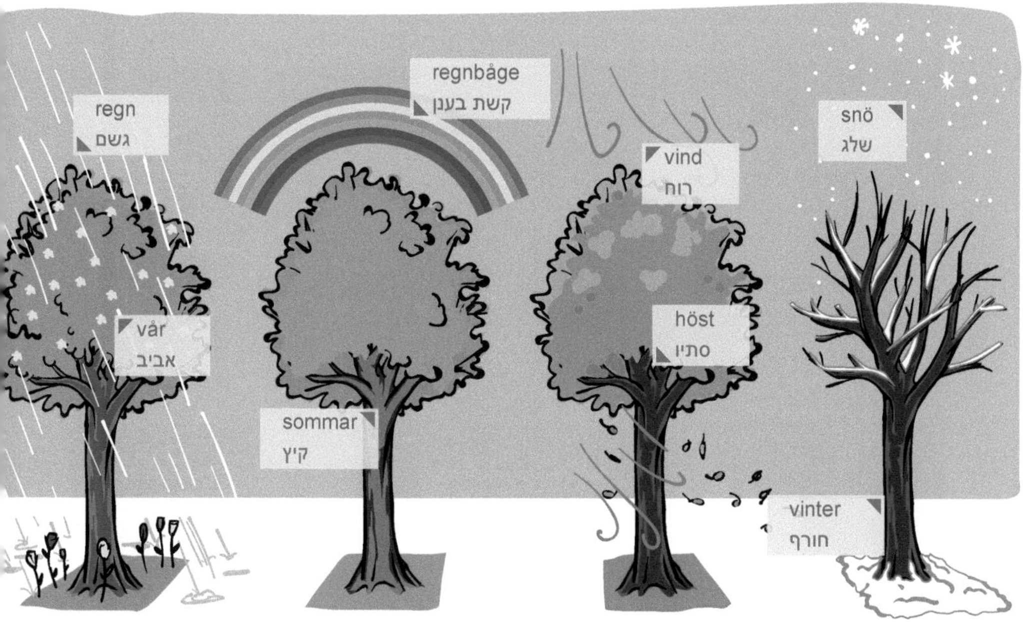

väderprognos

תחזית מזג האוויר

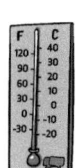

termometer

מד חום

solsken

אור שמש

moln

ענן

dimma

ערפל

luftfuktighet

לחות

blixt

ברק

åska

רעם

storm

סערה

hagel

ברד

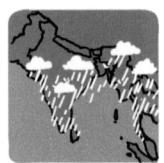

monsun

רוח עונתי

översvämning

שיטפון

is

קרח

januari

ינואר

februari

פברואר

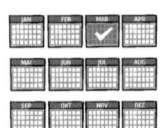

mars

מרץ

april

אפריל

maj

מאי

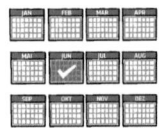

juni

יוני

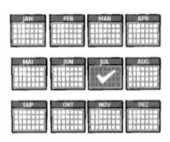

juli

יולי

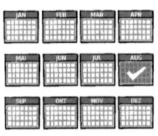

augusti

אוגוסט

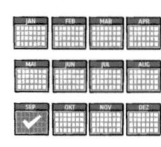

september

ספטמבר

oktober

אוקטובר

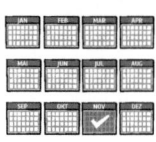

november

נובמבר

december

דצמבר

former

צורות

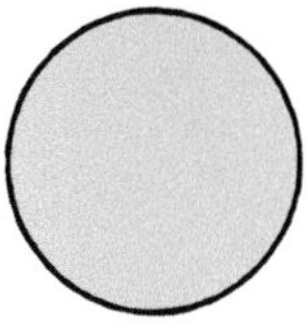

cirkel

עיגול

kvadrat

מרובע

rektangel

מלבן

triangel

משולש

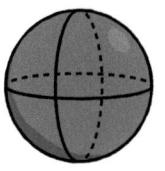

sfär

כדור

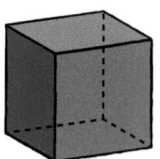

kub

קובייה

färger

צבעים

vit

לבן

gul

צהוב

orange

כתום

rosa

ורוד

röd

אדום

lila

סגול

blå

כחול

grön

ירוק

brun

חום

grå

אפור

svart

שחור

motsatser

הפכים

mycket / lite

הרבה / מעט

arg / lugn

כועס / רגוע

vacker / ful

יפה / מכוער

början / slut

התחלה / סוף

stor / liten

גדול / קטן

ljus / mörk

בהיר / כהה

bror / syster

אח / אחות

ren / smutsig

נקי / מלוכלך

komplett / ofullständig

שלם / חלקי

dag / natt

יום /לילה

död / levande

מת / חי

bred / smal

רחב / צר

ätlig / oätlig

אכיל / לא אכיל

ond / god

רשע / טוב לב

upphetsad / uttråkad

מתרגש / משועמם

tjock / smal

שמן / רזה

först / sist

ראשון / אחרון

vän / fiende

חבר / אויב

full / tom

מלא / ריק

hård / mjuk

קשה / רך

tung / lätt

כבד / קל

hunger / törst

רעב / צמא

sjuk / frisk

חולה / בריא

olaglig / laglig

בלתי-חוקי / חוקי

intelligent / dum

נבון / טיפש

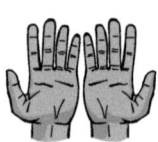

vänster / höger

שמאל / ימין

nära / långt bort

קרוב / רחוק

ny / begagnad

חדש / משומש

inget / något

כלום / משהו

gammal / ung

זקן / צעיר

på / av

פעיל / כבוי

öppen / stängd

פתוח / סגור

tyst / högljudd

שקט / רועש

rik / fattig

עשיר / עני

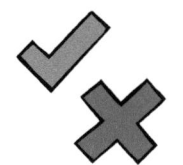

rätt / fel

נכון / שגוי

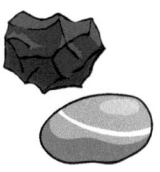

grov / slät

מחוספס / חלק

ledsen / glad

עצוב / שמח

kort / lång

קצר / ארוך

långsam / snabb

איטי / מהיר

våt / torr

רטוב / יבש

varm / sval

חם / קר

krig / fred

מלחמה / שלום

siffror

מספרים

0	1	2
noll	ett	två
אפס	אחת	שתיים
3	4	5
tre	fyra	fem
שלוש	ארבע	חמש
6	7	8
sex	sju	åtta
שש	שבע	שמונה
9	10	11
nio	tio	elva
תשע	עשר	אחת-עשרה

12
tolv

שתים-עשרה

13
tretton

שלוש-עשרה

14
fjorton

ארבע-עשרה

15
femton

חמש-עשרה

16
sexton

שש-עשרה

17
sjutton

שבע-עשרה

18
arton

שמונה-עשרה

19
nitton

תשע-עשרה

20
tjugo

עשרים

100
hundra

מאה

1.000
tusen

אלף

1.000.000
miljon

מיליון

språk

שפות

engelska

אנגלית

amerikansk engelska

אנגלית אמריקאית

kinesisk mandarin

סינית מנדרינית

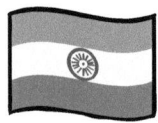

hindi

הודית

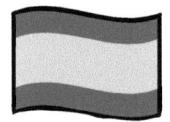

spanska

ספרדית

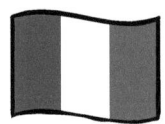

franska

צרפתית

arabiska

ערבית

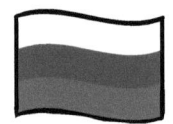

ryska

רוסית

portugisiska

פורטוגזית

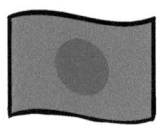

bengali

בנגלית

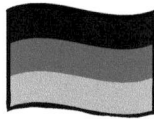

tyska

גרמנית

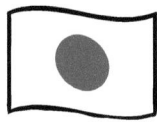

japanska

יפנית

jag

אני

du

אתה / את

♂ ♀ ⚲

han / hon / den (det)

הוא / היא / זה

vi

אנחנו

ni

אתם

de

הם

vem?

מי?

vad?

מה?

hur?

איך?

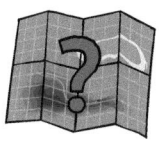

var?

איפה?

när?

מתי?

namn

שם

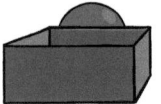

var

איפה

bakom

מאחור

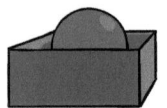

i

בתוך

framför

לפני

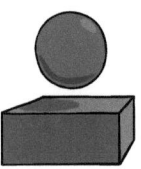

över

מעל

på

על

under

מתחת

bredvid

ליד

mellan

בין

plats

מקום